JN411291

바람 사이로 보이는 것

세종마루시선 011

바람 사이로 보이는 것

2022년 11월 22일 초판 1쇄 발행

지은이 황은경
펴낸이 윤영진
기획 이은봉 김백겸 김영호 최광 성배순
홍보 한천규
펴낸곳 도서출판 심지
등록 제 2003-000014호
주소 34570 대전광역시 동구 대전천북로 12
전화 042 635 9942
팩스 042 635 9941
전자우편 simji42@hanmail.net

ISBN 978-89-6627-230-3 03810

* 이 책은 대전문화재단의 지원으로 발간되었습니다.

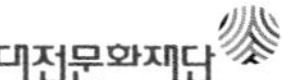

세종마루시선
011

바람 사이로 보이는 것

황은경 시집

시인의 말

세상에 뿌려진 많은 행복을
자연 속에서 깊은 생명을
시 안에서 평생 닦을 발우를 만났다.
그러나 고백하자면 시를 쓰는 일은
존재를 확인하는 최소한의 몸부림이다.
다시 먼 길을 가기 위해 시작되는,
끝내 따라가야 할 것들을 찾아
네 번째 발자국을 뗀다.

2022년 가을
황은경

차례

제2부 다시는 어둡지 말 것

제3부 가슴속의 별

제4부 꿈틀거리는 것들과 함께

시인 수첩

〈일러두기〉

*본문에서 〉는 '단락 공백 표시'로 한 연이 새로 시작된다는 표시이다.

제1부
슬픔을 맞이하는 자세

아나키스트

수많은 족쇄를 풀며 말한다
채우지 말라고
자유를 사랑하는 날 미워하지 말라고
천국의 노래를 믿는 자여
숨을 쉬는 모든 생명은
꿈꾸는 열을 가진 생명의 근원이지만
날마다 순간순간 공중에서 떨어져
승천하는 먼지를 보라
아름다운 빛으로 사라지며
향기를 뿌리는 것을
옷깃을 날리며 광활한 실크로드를 누비는
나라는 기차, 너라는 역
우리는 여전히 붉은 새벽을 기다린다.

바람 사이로 보이는 것

바람은 때때로 울렁거리는 빛깔이었다
주인의 구타로 피멍이 들어도
곁을 떠나지 않는 순둥이의 충성에
한숨을 몰아쉬던 앞집 아주머니
저 멍청한 것은 때리면 도망가야지
뭣이 좋다고 인간을 따라 다니나
몇 대 더 얻어맞겠네
짐승을 길들이는 방법은 때려야 한다던 아저씨
기억이 사라진 그분은
순둥이가 유일한 가족이었다
고향도 집도 잃어버린 외눈박이
누렇게 삭은 양철 끝에 걸려
살가죽이 떨어져 나가도
순둥이는 이유도 없이 맞아야만 했다
붉은 피가 흘러도 노하지 않는 순둥이
부르면 기다린 것처럼 달려간다
아저씨는 월남 전쟁 고엽제 환자로
진통제와 술로 버텼다
바람 사이로 보이는

저 고통을 순둥이는 코끝에 묻고
바람이 부는 대로 충성했다 자꾸만
슬펐다
바람과 사람 사이 길게 풍경이 서 있었다.

미끄러지는 맛

사랑하고 난 후 떨어지는 두 몸
제각기 갈 길 찾아 미끄러진다
동네에서 내놓은 그 집 여자는
늘 담 밑으로 미끄러진다
달밤에 보란 듯이 속곳도 없이
무수한 검은 별을 품고
산밑 외딴집으로 돌아간다
사람들 눈에 여자는 소문의 온상이고
벌떡 일어서게 하는
짜릿한 미끈함이다
마주치는 순간에는 욕 두어 절 던지고 간다
"시발넘이 좆도 안 서는 게
낯짝을 들고 다녀?"
빨간 화사가 혀를 날름댄다
유혹에도 넘어가지 않을 놈을
그녀는 기다렸다 갈수록
몸의 끈적끈적한 물기가 말라가고.

관심의 날들

그대가 기댈 수 있는
가슴이 되고 싶었다는
고백을 하기도 전에
내 옆에서 하늘이
두꺼운 침묵처럼 내려앉는다
필시 머릿속을
쓸쓸하게 걸어 다니던
허무의 잔재가
사랑에게 간 것이다
그곳에 같이 가자고
약속을 하고서도
가지 못하는 사연을 묻지 못하는
나는 강기슭의 뜸부기.

고비 사막이 되어라

힘들었던 시간을 말로 다 하지 못해
별을 세던 마음으로 천천히 눈에 담는다
모든 사랑을 알기에는 참 긴 시간이 필요할 줄 알았다
여자가 화장하는 이유를 굳이 말하지 않는 것처럼
세월은 아슬아슬하게 날 여물게 한다

감정이 메마르면 바라볼 거울도 필요하지 않다
헛된 시간이 될 게 뻔하니까
뜨겁게 달궈진 아스팔트에 보이는 저 열기
소리 없는 압박이다
마음은 억지로 따라가지 않는 것이다

아스팔트를 버리고 고비 사막으로 가자

고비 사막의 모래가 바람을 타고 쌓이려면 은사시나무처럼 떨리는 사람들의 발자국을 쓸고, 생명을 위한 간절함으로 담백한 우유가 되기도 한다

사랑은 그럴 때 다가온다

습기보다는 건조한 바람이 불 때 더 뜨거운 욕망은 꽃

을 피운다 살기 위해 몸부림치며 사막을 탄다

육신의 저항 없이 순순히 내주는 사람의 신이 되고 싶기에.

흉터

저만치 멀리 있는 줄 알았다
잊기에는 더 선명하게 떠오르는 새벽
아산만 방파제에서 밤새 비를 맞으며
떠나보내는 연습을 했다
잡고 놔주고 또 잡고 놔주고
펄떡이는 물고기의 몸짓을 바라본다
낚싯줄에 왜 걸렸을까
하염없이 세상 덧없음을 느끼며
세찬 빗줄기를 맞던 그 봄날
지우기에는 너무 이르다는 걸 알았고
이십여 년 지난 지금도 따라다니는
거머리 같은 흉터를 파내고 싶은데
다시 피는 모진 사랑을 밀어낸다.

숲으로 떠난 여자

살기 위해
들어가는 무덤이 있다
나 몰라라 살던 도시는 뒤로 두고
조금 더 제명대로 살고 싶어
들어가는 어둠도 있다

숲에서
녹색과 친해야만
접은 꿈도 다시 꾼다길래
산비탈에 나물 뜯고
산도라지 캐서 말려 놓고
신명 나게 도라지 타령 불러본다

머루 줄기 잡고
입가에 보랏빛 젖어들 때까지
산빛을 따 먹는다
숲을 뛰어다니며
꽃사슴으로 살아야 하는
그 여자가 있다.

아마데우스의 눈물

잔잔하게 흐르는 부분에 날 세워줘
보이는 게 전부가 아닌 세상
되돌이표가 난무하는 곳
그곳에 갇힌 우리

징검다리를 건널 수 있는 곳에 날 내려줘
버려진 것이 다 새롭게
징검다리 밑에서 날 바라볼 수 있도록
그것을 건질 수 없는 손

폭풍우가 부는 들녘에 날 데려가 줘
할 말이 많은 빗소리를 맞이하고
잡초가 일어서서 견디는 힘을 바라보겠어
들녘 뒤에 떠오르는 오색 무지개

음계처럼 튀어나오며 꿋꿋하게
아마데우스, 아마데우스여
그 손끝을 타고 오르던 전율은
희음의 경지에서 더 커지고.

가난은 죄

코흘리개 친구를 만났다
가세가 기운 집 막내딸
멋진 옷 입고 걸어온다

오랜만에 만나는 옛 친구
한여름 더운 열기를 몰고
노래하듯 요란하게 걸어온다

피가 마르도록 가난했던
그녀의 뇌리에 자리해 있는
가난은 죄라는 말

옛날 부잣집 딸의 손에 들려 있는
두 겹짜리 30개가 든
부자 되세요, 엠보싱 화장지.

슬픔을 맞이하는 자세

기우는 의자는 삐그덕거리며
앉는 것에 대한 인사를 받는다

마찰은 온도를 품고 온도는 상승기류를 타고 돌며
영상이라는 숫자를 알려준다
따스한 온기가 탄생하는 날부터
영하라는 숫자가 탄생하는 순간까지
조절과 세포의 교감은 사계절을 맞이한다

마카롱처럼 달콤한 행복
레몬티처럼 시원한 청량감
에스프레소의 깔끔한 마무리
사람의 감정도 이랬으면 좋겠다

의미 있는 날에 슬픔이 주인공이라면
세차게 비가 내리면 좋겠고
석류처럼 붉은 꽃잠을 자면 좋겠다.

보이지 않는 주소

물속에도 벽이 있고 집이 있고 주소가 있다
해파리의 미끌미끌한 촉수 사이로
날카로운 독이 있다는 것을 알아버린 날부터
물고기의 생사도 예사롭지 않다는 것을 알았다

사람의 생사는 보이지 않는 주소다
주소 끝을 보지 않기 위해
빛이 있는 곳에서 인생을 펼치고
춥고 어두운 곳은 피한다

운명을 짊어진 용감한 용사는 많다
카멜레온의 진화된 거죽을 닮아서라도
어두운 집 주소로 가지 않으려고 덜컹대며 달린다
하지만, 신은 우리의 주소를 모두 알고 있다.

달과 같이 살기

내 몸 안에 달이 있다는 것을 알았다
일 년도 있고 사계절도 있고
종일 동거하며 살고 있다

문득, 내 몸 안 달에게 묻고 싶다
같이 살아보니 어떠냐고
내 몸 안에 밝은 산이 있고
잠자는 바다가 눈을 뜨면
저 달은 사라져도 되는 건지

월식 날 흑연의 빛은 어둠을 보듬다가
밝은 자리를 파 내려가는 거다
여러 개의 달이 떠 있는 줄도 모르고.

화장

민낯의 예쁜 피부에
챙 넓은 모자를 쓰고 품 안에 안기는
아카시아 같은 여자가 되고 싶다

어느 때는 단내 나는 향기를 품고
길가를 걷는 여자가 되고 싶다

립스틱 하나로 세상이 환해지는 연출을
민낯의 여자에게 그어보고 싶다

뽀얀 살결에 세월이 찾아와도
슬쩍 지나가는 젊음의 여인이 되고 싶다

겹의 두께만큼 멀어지는 세상
속을 알 수 없는 천의 얼굴로 남더라도.

박힌다는 거

동네 가장자리 텃논 옆 미나리꽝에
말뚝이 박혔다
경지정리를 했다는데
몇 미터는 우리 땅이 아니라고
명백한 새로운 주인을 위한 표식
그동안 정들었던 미나리꽝이 아쉽다
대신, 텃논 후미진 곳 몇 평은 더 늘어났지만
마찬가지로 말뚝이 박혔다
하지만 그 자리는 지금도 그 집 길이다
초봄부터 푸릇푸릇 잎사귀를 올리며
샘가에서 버리는 물기를 먹고
우리는 그 미나리를 먹었고
행복했던 순간은 가슴에 남았다
말뚝을 바라보면
할머니 심기가 안 좋았고
노란 막걸리 주전자 한 되는 어림도 없었다
뒷집과 그날부터 거의 상종을 안 했다
말뚝 몇 개의 위력은 차가웠다
윗집 아랫집 한 집안인데도

땅의 힘은 시골의 또 다른 의미의 자부심이다
담 대신 서 있는 탱자나무
장대로 치며 흔들리게 또 싸우고 나면
송골매의 '모두 다 사랑하리'라는 노래처럼
언제 그랬냐는 듯이 다시 화해하고
형님 동생 하며
개구멍으로 또 서로 들락거렸다
그래도 박힌 말뚝은
돌아가실 때까지 서운하신 우리 할머니.

어느 날의 다짐

샌들 고리가 끊어진 날
예감은 맞았다
사라질 것에 대한 불길한 느낌

그때 미신이라던 말처럼
피할 수 없는 배신감
가슴을 밀고 올라온다

끙끙 앓고만 있는
코스모스 잎이 되어버린 사람이
나 자신이라니

버려진 샌들의 끊어진 고리처럼
꿈에도 몰랐던 현실
한없이 안쓰럽고 아프다

뒤돌아 가버린 순간
잡지 않겠다는 어느 날 다짐.

풀처럼

비바람 불면 허리 절반 구부리다가
비바람 그치면
기지개를 켜며 일어서는
억척스러운 풀의 저력을 보았다

왕성한 초여름 신록의 함성 속에서
발에 차이는 들풀
밭에 널려 있는 잡풀
길가 틈새에서 짓밟히는 작은 애기풀

생명을 안에 가둔 풀의 뿌리
씨앗이 날아 어뢰처럼 사라져도
보란 듯이 서 있는 풀의 줄기
그게 차라리 나이고 싶은 날.

사잇길에서

인생의 마중물은
달구지 위에도 덜거덕거리며 따라왔다
마지막이 보이는 길에서도
달리기만 했다

자식이 귀하지 않은 집이 어디 있겠는가
허름한 집이었으나 따뜻했던 체온
수많은 가시밭길 헤쳐 나온
어머니의 온기에 기대고 싶은 밤

건너갈 수는 있지만
건너올 수는 없는 길이라서
잠시, 이별의 뒤란이라 말하며
당신을 보낸다

평생 나의 신전에 그대는 불빛이기에
안녕, 안녕히.

걷는다는 행복

상처를 안고 무릎 밑을 감싼 옷 속에서
그의 의족은 숨어 산다

넓은 운동장에서
벼가 익어가는 들판에서
소복하게 쌓인 눈꽃이 핀 집 앞에서

신나게 걸어 다니는 그를 보면
울컥 웃음보다 눈물이 난다

걷는 게 행복한 그는
그림자를 품고 산다.

제2부
다시는 어둡지 말 것

말

늘 사그라지고 살아나는
불멸의 몸짓
나는 너를 무한정 이용하고 살아

가끔은 떨리기도 하고
설레기도 하고
행복하기도 하고
아프기도 해

나의 것으로
남의 것으로
너울을 타며
소나타를 불러주기도 하지
사랑스러운 목소리로

인연과 인연을 만나게 하는 것도
바로 너란 것을 알고 있지.

하루가 길다

종일 벌레를 잡아, 새끼를 키우느라
쇠잔한 몸으로 날아오르면
다시 하늘도 들어 올릴 천근의 힘이 솟는다

새끼들 바람막이 되어
지켜내는 일의 하루는 고되고 길다

가슴속 불길에 화상을 입어도
아프지 말라고 배곯지 말라고
애틋한 사랑을 판화처럼 찍어낸다

오늘도 나는 먹이를 물고 너에게 갈 것이다.

섬

나란히 서로 바라보아도
할 말이 없다

이미
바라보며 흘러오지 않았는가

고기잡이하던
떠나는 배도 배웅하고 나니

다시 봐도
너라는 섬

다시 봐도
나라는 섬.

다시는 어둡지 말 것

— 죽형 조태일

시간의 미로를 뒤집고 온 길
내려놓을 자리를 찾지 못했던
통제력 없는 행성에 자신을 던진
좌표 없는 독재에 대한 저항의 노래

질서를 위해 떠오르는 태양을 위해
자유의 길을 걸어보고 싶었던 국민이었을 뿐
불타는 심장을 사막에 던지고
살아 숨 쉬는 오늘의 좌표

충성은 환영이었음을
불법과 무력으로 민간을 살상하는 무자비함
발을 동동 구르던 어머니의 핏물 젖은 치맛자락
쓰러진 아들을 보낸 그 비통함

그날처럼, 그날처럼
세상에 의로운 꽃이 피다 간 자리에
시인의 눈물은, 시인의 투쟁은
어찌, 안식만을 위한 것일까

〉

붉은 힘줄이 여전히 죽지 않고 살아 있는 시간
다시는 봉인된 억울함을 안기지 말 것
다시는 국가가 국민을 어둡게 하지 말 것
다시는 아픈 역사를 만들지 말 것.

지난 것들을 묻지 말자

그대가 그 안에서 슬퍼하는 것을 보니
지난 시간 속에 우리 만남의 순간이 또 다른 사라짐으로 자리했으면 좋겠습니다

그대가 파란 오월의 하늘을 바라보며 그들을 그리워하는 걸 보니 우리가 이고 사는 삶을 모두 파란색으로 물들여 기왕이면 초록의 그들에게 닿았으면 좋겠습니다

산등성이를 보듯 당신을 받아줍니다
그 숲의 작은 덩굴이 되어 온전히 당신만 바라보는 사람이 안 보이는지요
개미도 나비도 산비둘기도 가끔은 쉬는 걸 봤지요
비가 오면 숲에는 멈춤의 비밀이 있습니다

어쩌면 좋을까요
숲을 갈아엎을 사람들이 올라옵니다
대재앙을 일으키는 기초 작업을 하는 사람들
난 힘없는 덩굴로 성을 쌓아서는 그들을 멈추게 하지 못합니다

당신이 필요하고 절실하고 늘 애가 탑니다

어서 나의 숲에 당신의 숨을 넣어 주세요
오월의 파란 하늘은 이팝나무꽃을 뿌려 눈을 가립니다
그대가 오는 길에 소원 하나 풀듯 하얀 꽃길이 행복하셨으면 합니다
송홧가루 날리는 지금, 그대가 자작나무처럼 하얀 상실을 지고 오시는지 밖을 내다봅니다.

그 남자 이야기

어느 날부터 그 남자가 누에로 보였다
시퍼런 턱밑에는 뽕잎이 있었다

시꺼먼 열매에는 사상과 유대관계가 깊은
세계의 학자들 이름이 줄줄이 매달렸고
뇌 속의 말은 누에의 하얀 골수처럼 박혔다

천하는 누에가 갉아 먹는 뽕잎처럼 맛있는 밥상
내가 줄 수 있는 건 실오라기 한 줄
그 남자를 칭칭 감아 놓을 수 있는 비상구 밧줄

누에로 보이던 그 남자, 어느 날부터 아기가 되었다
누에는 죽는 순간까지 죽는 줄 모르고
역사의 창대한 실패를 돌렸다

그 남자는 계속 누에로, 아기로, 실패로
실오라기를 내주며 머물렀다
그때는 온전한 누에의 집을 지어 주고 싶었다
〉

겹겹이 새겨진 숨겨진 골짜기
그 남자가 번데기로
다시 부화한 이야기로 머물기를 빌었다.

꽃이 진 자리에

꽃이 진 자리도 아픈가 봐요
계절의 흐름대로
아픈 자리에 다시 피는 꽃
사람의 가슴처럼 아픔이 있어요

꽃이 진 자리에는
물기조차 머물 새가 없어요
이른 아침 거미그물이 받쳐 준
성수 같은 눈물,
초록의 들풀이 꿈꾸는 자리에 떨어집니다

떠남의 기억이 희미해진다고
가슴에 담은 사랑이 지워지지 않아요
꽃이 진 자리에 다시 생명이 닿을 때까지
부디, 우리 아프지 말아요.

녹색

당신은 나의 주인이 아니셨어요
칼날보다 더
사막의 거친 선인장 가시보다 아픈
모래 지옥을 던진 사람일 뿐이었어요
당신의 미로 같은 뇌 속에
인간에 대한 예의가
아직도 기억되어 있을지 의문입니다
당신은 나무에 매달린
사탕을 기다리고 있지만
아닙니다, 나는 천지가 다 아는 녹색일 뿐이에요
당신은 나라는 뽕잎의 주인이 아니셨어요
갉아 먹힌 뽕잎은 아픈 기억을 붙잡고
가느다란 실을 꺽꺽 토해내네요
당신이라는 누에가 파먹은 뽕잎이 나였군요
우리 이제 이대로 갈 길을 가요
세상의 편견과 굴레를 사랑하는 당신의 마음
저는 덮지 않을 겁니다
나의 초록 이불을 찾으러 떠날 거예요
내 주인을 찾으러 가야겠어요.

허락하는 시

시간이 허락한다면
내 시가 옷을 입고 광화문 네거리에 서 있었으면 하네
미덥잖아도 주인 잘못 만나 고생하여도
고상한 시간을 가져보고 싶다네

마음이 허락한다면
내 시가 종로 사거리에서 태극기를 들고
큰 칼 차신 이순신 장군 옆에서 애국가를 낭독하면 좋겠네
바람에 흔들려도 애달프지 않게 그분 곁에 서서
대한민국 만세를 부르고 싶네

그래도 내 시가 바람난다면
홍대 앞 버스킹하는 젊은이들 옆에서 시가 곧 노래라고 말하고 싶다네
연남동 지하 카페서 듣는 묵은 엘피판 소리가 울어도
내 시는 따라 울 준비가 되어 있으니

그런데도 허락한다면

내가 시인이었다고 그들에게 허락받고 싶네
시인의 옷도 내팽개치던 청춘이 서운치 않게.

여물어 가는

늙지 않는 바다를 바라본다
반짝이는 바닷물로 눈이 아프다
백사장에 앉아
엄지와 검지로 미간을 누르며
걸어온 길을 돌아본다

살아온 시간
아무리 생각해도 순탄한 길이 없다
세월은 모래 속으로 스미는 물과 같아
기회만 있으면
날카롭게 파고들어 상처를 낸다
물컵에 구멍을 내듯이

파라솔이 필요하다
바다에 내리는 따가운 햇볕은
지난한 세월을 구원할 수 있는
용광로다 시간을 태우는

햇볕이 싸늘해지면

바다는 세월을 삼켜 버릴 것이고
잠시나마 편안했던 시간도
닫혀버린 문 속으로 사라질 것이다

햇볕은 다시 따가워지겠지만
늙지 않는 바다를 바라보는 일은
언제나 눈이 아프다
반짝이는 바닷물을 남겨두고
이곳을 떠나야 한다

반짝이는 바닷물을 본 이후
구원받았던 시간
문이 열리길 기다릴 것이다
미래가 어디쯤 왔는지 가늠하면서
사는 게 가장 힘들었던 시절
그때가 청춘이었다고 중얼거리면서.

빈틈을 가리다

축축한 습기로 가을비를 보내고

내일을 위한 거름을 준비한다

창세의 문을 열고 맞이한 기쁜 자리에 십자군의 발자국처럼 버티다가 돌아서면 항상 틈을 주지 않는 어느 아나운서의 다급한 방송 목소리

뚜벅뚜벅 걸어 나가 땅끝에 꽂히는 엑스칼리버의 기운을 받아 소리치는 재개발 이주민의 억울한 가슴, 금이 가고 틈이 벌어진 자리엔 무궁화꽃이 피었다 힘에 질린 사람, 더는 소리도 못 내고 이 땅의 거룩한 전도사에게 넘기고 고향을 떠나갔다

벽돌담 갈라진 틈 사이로 도시의 황야, 먼지로 뒤덮여 먼 수평선 끝에 죽은 사막의 샘을 찾아 나선 것이다

있는 자의 자리는 불멸인가

블랙홀에 갇힐 수 있는 위험스러운 태양계의 아이돌

별자리 찾아다니며 가슴 쓸어내리던 젊은 날의 슬픔.

안부

어쩌면 우리는 날마다
창공에 소멸을 뿌리는 중인가 보다

남긴 것 지우려 하니
더욱 번지는 인연이 된다

초록이 세상에 돌아
마른 잎으로 버석거리는 날까지
잘도 참았구나

계절을 두고 못내 고개 숙이는
내 한 몸도 날마다 이별 중인가 보다.

어느 순간

내 영혼을 갉아먹지 말아요
사그락거리며 다가오는
어두운 향기가 싫어요
빛나던 사람의 따스한 그림자
병이 들어 말라가고 있는 것도 모르고
억만년 빙하처럼 차가워지고 있어요
삶의 연결고리는
세월 앞에 녹슬어 가고
마음 안에 세운 표식도 침식되고 있고요
아쉬움만 전해 듣고
아쉬움만 전해주고
하나뿐인 영혼
아프지 말았으면 해요
세상에 빌어볼게요 부족함이
길어지지 말라고요 부족한 듯 살아도
훗날 손에 들고 갈 것 하나도 없다고요.

봄밤

연분홍 꽃비가 바람에 걸려
천변 어디쯤으로 밀려가네
새잎으로 순환하는 봄빛
예감으로 날갯짓 펄럭이며
톱날로 허공을 가르네
벽돌담 사이 민들레의 군무
봄빛을 닮은 파란 생명이여

나무의자에 앉아 아무런 생각 없이
흘려보내는 봄날 하루
밟히고 밟힌 꽃들이 일어서네

하늘은 푸르고, 지는 꽃들의
흐느낌도 푸르네 저녁이면
아픈 것들은 더욱 푸르러지네
어두운 세상, 서로 보듬고 나누며
다시 피기 위해
입 맞추는 봄밤
조금씩 껴안고 구르는 봄밤.

등 따신 게 제일이야

어쩌면 벙어리 외삼촌을 둔 친구도
벙어리가 될까 봐 걱정했던 어린 시절
말이 없었다 친구는
외삼촌과 수화를 하며 살아갔다

갈고리 같은 손으로 친구 머리도 묶어주고
아궁이에 군고구마도 구워주고
감이 익으면 감도 따주고
같이 놀던 벙어리 외삼촌은 내게도 삼촌

몹시 추운 겨울날 군불을 넣으시고는
뭔가 손짓하며 설명했지만
친구가 없어 엉뚱한 해석만 했다

뭐가 어쩐다고요?
어버버버
삼촌, 다시 천천히 손짓해 주세요
아으 어버버버
〉

아, 정말 모르겠어요, 하고 포기하려는데
친구가 들어오면서 하는 말

등 따습고 배부르면 최고라잖아!!

그 말씀을 하신 거다 맞다 참이다
연초록 청춘이 바라본 따끈한 그날.

그들이 감아버린 단어의 세습

풀어줍시다

옹골진 마디처럼 그렇게 써 내려가면 좋은 줄 알았습니다 만인이 사용하는 단어를 아직 모르는 게 더 많은 시골스러운 나란 사람은 우물 안 개구리이지만 같은 말속에 숨겨진 뜻은 다름이 수없이 많다는 것을 알고 있습니다 그들이 풀어 놓은 글 타래에 걸리면 나는 나의 단어를 잃어버리고 나를 위해 포장할 집도 잃어버립니다

장날 좌판에 늘어진 만물이 입을 닫습니다 글을 위한 그들의 사심은 장날보다 많고 백화점 상품보다 많습니다 그게 단어의 수이고 단어의 정리라면 어떤 단어를 퇴장시켜야 하는 걸까요

거미의 그물에 걸린 단어를 봅니다

어쩌다 걸렸는지는 모르지만 거미는 야금야금 씹어 먹습니다 간간이 들리던 신음에 단어는 퇴색하기 시작합니다 그들이 감아버린 단어는 부득이 이룰 수 있는 꿈이 되기도 합니다 창작을 모욕하는 그들의 거친 행보에 박수를 보낼 수 없습니다

이르지도 늦지도 않은 시공간에 어느 날 떨어지는 비탄

의 서막은 누굴 위한 자리인가요

우리의 아름다운 푸르름처럼 남아 있어야 할 단어는 오늘도 먼지 속에 찌든 시간 어느 피시방 구석에서 던집니다. 에잇 ㅅㅂ.

하늘 물고기

아이야
새벽이 간다
네가 좋아하는 아침이야

엄마는
다녀올 게
먹이를 잡으러 가야 해

하얀 거울을 보고
하얗게 빛나는 머리 다독이고
눈을 뜰 수 있음에 감사하자

엄마가 옆에 있어서
뭐라도 할 수 있는 게 행복해
하늘 물고기를 먹어도 좋아.

서식지

이틀에 한 번씩 돌리는 세탁기의 노동이 끝난 후 너의 투명한 속을 들여다봤어 아직은 쓸 만해 너는 나의 소유물과 엉켜 한바탕 투덕거리고 허물과 향기가 거센 휘모리장단 후 건조대에 널려 장미 향기로 나를 황홀하게 했어 참 좋다 섬유 유연제의 서식지는 마술을 뿌리는 것 같아 사람들이 물었지 향수 뭐로 쓰니

철새는 긴 여행을 떠나고 시베리아에서는 황새가 날아왔어 위엄을 보이며 서식지를 탐사하는 황새의 등장은 가슴을 설레게 하지 먹이 사슬이 이루어지는 강가는 그들의 품이자 삶의 장소, 서식지에 세 가닥의 발자국이 찍히고 간절하게 원한 곳에서 가족도 살피고 봄을 기다릴 것이고 어여쁜 이와 맞이할 시간을 준비하고 다시 날아가겠지 묵언 수행 중인 강가에는 연어들이 귀향 중이지 서식지 이상 무.

제3부
가슴속의 별

그들이 지나간 곳에

동네 까마귀 떼 시끄러운 날
옆집 아재는 황소의 뿔에 들이받혀 돌아가셨다
우리 집 개들은 몽땅 도둑이 데려갔고
생각지도 못한 일이 일어났다며
재수 더럽게 없다고 떠들어대는 동네사람들……
개를 삼십여 마리나 도둑맞은 아버지는
기가 막힌 세상이라고
참 무서운 세상이라고 중얼거렸다
겁나고 두려웠던 순간이 떠나고 사라져도
동네는 흉흉하게 돌아가기 시작했고
밤이면 대문을 잠그고 마실을 가지 않았다
무슨 일이 있었는지 아무것도 모르는
내 또래의 고무줄놀이만 여전히 즐거웠다.

사막

부드러운 곡선만 있는 줄 알았다
이른 새벽 별이 뜨기 전까지는
별들을 보던 모래언덕 이쪽 끝
조금씩 무너져 내렸다 아침이 오면
저 끝에는 이미 사라져 다른 길이 나 있다

모래바람 안에는 건설자가 살고 있었다
걸어온 길을 지우는 신도 있었고
간밤에 머문 오아시스 야자나무 밑에는
수없이 많은 낭만 발자국이 찍혀 있었다

그중 하나를 걸어둔 낭만 야자나무
바람처럼 묻고 가는 이방인
모래바람 타고 오르는
사막의 뱀을 본 적이 있었다
바람 소리도 없이 날아가던 사막의 불사신

인간의 나약한 뼈마디가 푹푹 빠지는 사막
오만과 편견은 모래 속에서

영원히 사라져야 할 존재라는 것을
바람아 모래바람아 너도 아는가.

당신

소멸한 흔적이나 안개를 휘저으며
당신, 쌓인 시간을 바라보고 있다
반기고, 보내고, 약속하고
다시 새순으로 일어서고
먼 길 끝 수평선을 바라보는 당신
묵었던 정신을 씻고 지금 일어서고 있다
지나는 바람의 숨소리에도
펄럭이는 노을처럼
이곳에 필사적으로 머무르려는
푸른 의지의 당신
나는 지금 잔잔한 웃음과
새어 나오는 한숨이
교차하는 길 위에 서 있다
기울어진 삶이더라도
한때는 자랑스러웠다
이제는 방명록의 이름으로 남아 있는 당신
세상의 손님일 뿐인 당신
다녀갔거나 다녀가실 이 세상
잘 살다 갔거나 잘 살다 가실 당신.

문밖에 서서

가끔 삶을 버리고 싶을 때
문밖에 서서 울어 본다

가볍지도 가벼울 수도 없는 순간을
여러 번 돌려보내고
헐어 야윈 가슴속 구멍을 들여다본다

머물 손님도 없는 자리는
헛헛한 시간에 나만 채근하고
문고리를 잡는다

해질녘에 만나는 따스한 노을
가만히 가슴에 안아보며
문 안으로 들어가 눕고 싶다.

연한 먼지가 날아오른다

바람 불어 좋은 날
치맛자락 날리며 걷는 여인들
길바닥에 뒹구는
낙엽이 발에 차인다

시원한 바람 맞아
열매 떨어지는 늦은 가을
계절 타는 나무들,
노을 보러 도시 밖으로 나간다

석양에 물든 도시
옆집 홍시 하나 하늘에 걸린다
무심코 바람을 타고 걷는 길
연한 먼지가 날아오른다

무의식중에 눈 감는다
이쪽저쪽 몰려다니던
먼지가 날아와
부드럽게 얼굴을 매만진다

〉

땅거미가 내려와
별들 깜빡거리기 시작하면
정수리에 어둠이 묻히는 걸 느끼며
집으로 돌아온다.

혈, 창세기

감은 눈으로
이불을 끌어다 덮는다

밤을 새우고
창밖을 보면 아침이다
몸살을 앓고 나면
또 다른 아침이다

무거운 다리를 펴면 공전
굽어진 허리를 펴면 자전
머리와 몸통은 북극과 남극

작은 행성의 생명은
탄생과 소멸을 거듭하면서
빌고 또 빌어본다

혈류가 잘 돌기를
끝까지 잘 만나기를
사라지기 전까지

따뜻하게 바라보기를.

메시아

한 가닥 희망으로 자랐지
아프리카 식물처럼
허공으로 올라 줄기가 되기도 하다가
풀어져 버린 철화*의 민낯은
웃자란 시선을 낮추려
가위로 댕강 자르고 나면
초록의 피가 스며 나왔지
가질 수 없는 당신처럼 잘려 나간
찰나도 초록의 민낯으로 돌아본다
무슨 말이 듣고 싶은가요
우리는 이제 누구인가요.

* 식물의 변이로 생기는 모습.

화석의 기억

시조새가 날아가는 늦은 밤
암모나이트에 바짝 붙어 피어난
생명체의 표정이여

짧은 생을 살았으나
영원히 심장이 뛰는 따뜻한 손이여
마두금 소리에 사막을 넘는
오래된 불변이여

필시 거대한 낙원이었을 세상
티라노사우루스에 밟힌 양치식물이
죽은 곳에 고인 헐거운 시간이여

달맞이꽃 슬픈 밤에 이름 부르면
고된 삶을 사는 세상이
계절로 지워지고 계절로 살아나는
45억 년의 이데아여.

다시 공존하는 법

길을 걷다가 마른 화분을 만나면
물을 줄 줄 알아야 한다

모퉁이 돌다가 잡초를 만나면
뽑아줄 줄 알아야 한다

저잣거리 여기저기
잔기침하는 노인을 만나면
꼭 안아줄 줄 알아야 한다

쓸쓸함을 견디며
찬 기운을 감싸 안는 저 따뜻한 가슴

새순처럼 솟구쳐 올라오는
사람과 사람 사이의
푸른 숨결이 될 줄 알아야 한다

밝고 환한 몸짓으로
구겨진 종잇장 넓게 펼칠 줄…….

미아리 고개를 넘는다

동지섣달 눈바람 맞으며
미아리 고개를 넘는다
예닐곱 살 어린아이가
깨진 연탄재 널린 미아리 고개를 넘는다
평화시장 원숭이 빨간 엉덩이 보러
뽑기 국자 들고 새벽 별 떼러
엄마 손 잡고 그곳에 가면
상이용사 아저씨의
원숭이와 한 서린 노래가 들리는 곳
미스코리아 평화시장 언니의 파마집이 있고
식구들 단골인 짜장면집이 있다
쉬지 않고 돌아가는 목욕탕
미운 오리바가지의 수영 둥둥 즐겁다
미아리 고개를 넘어
집에 간다 눈곱도 못 떼고
나갔던 집을 향해
저녁별 보며 미아리 고개를 오른다.

녹조

호수에 푸른 집이 떠 있었다
밤이면 UFO 같은 푸른빛이
개구리 등에 반사되어 봄밤이 총총해졌다
밤새 이 푸른 집들
바람에 밀려 이사를 했다
흔적도 남기지 않고, 기척도 없이
이쪽에서 저쪽으로
이동하는 신성한 생명들
한곳에 머무르지 않고
소리 없이 흐름에 길든다는 것
얼마나 슬픈 일인가
밤이면 거스르지 않고
깊이를 알 수 없는 곳으로 갔다가
아침이면 모습을 보이는
고운 섬유들 틈에 걸린 푸른 집의 잔해들
서로 손을 내밀어 어깨동무하고
푸른 호수를 만든다
무심하게 출렁이는 물살의 적막.

올려다보기

악이 받쳐 동생을 쓰러질 정도로 때려눕히고 아버지한테 종아리를 맞았다 대나무 뿌리로 만든 매, 매를 떼는 순간 더 아픈 매, 종아리를 쳐다보며 아프다고 소리쳐도 아랑곳없이 열 대를 때리고는 눈을 감고 있는 내게 똑바로 앞을 보라 호통을 친다

아버지는 이어 왜 동생을 왜 때렸는지 이유를 물었다 까불어서요 연년생에다가 늘 여자라고 뒤처졌던 내 서열, 그날에서야 나는 하늘을 올려다보았다 맑디맑은 늦가을 내 편인 하늘을.

고택

몇 년 사이 늘어난 목주름이 눈에 들어 온다
건성으로 보며 지냈는데
오늘은 선명하게 인증된 그의 목주름
목울대가 울리면
늘어진 목주름도 따라 올라가고
롤러코스터 빈자리 주인처럼
검정 점 하나 울렁거린다
크게 웃으면 카멜레온처럼 빨갛게 물든다
고택 지붕 위로 추적추적 떨어지는 두꺼운 저녁 비
사내의 눈썹 위로 도마뱀 꼬리처럼 다시 자라난
세월의 흔적이 길게 누워 있다.

경대 서랍 속

열어보지 못한 경대 서랍 안이 궁금하다
할머니의 할머니가 물려주신 작은 경대
내 차례가 되어 돌아온 대물림의 사연 많다

여자의 일생이 차곡차곡 가둬진 비밀 창고
꼭꼭 잠긴 그곳에 다가간다
열려라, 참깨

4대가 물려받은 경대 서랍 속
정갈한 나무 참빗 곱게 잠들어 있다
참빗을 만지면 4대조 할머니가 오실 것만 같다
쉬어라, 참빗.

엄마 재봉틀

전쟁 끝나고 신여성 고등교육을 받은 어머니, 작은 손으로 떨거덕떨거덕 재봉틀을 돌리며 집안일 꾸리다가 포목장사까지 했다 버선도 베개도 이불도 모시 적삼도 바늘과 실, 재봉틀만 있으면 모두 꽃단장하고 태어났다

종갓집 큰 며느리, 제사 모시고 재봉틀 돌리고, 다음날도 제사 모시고 재봉들 돌리고……, 재봉틀은 쉬지 않고 잘도 돌아갔다 다림질 끝내고 아버지 옷걸이에 걸리는 반듯하던 마음, 오늘은 금슬 좋은 모습이 아른거리는 당신의 기일.

남는 것은 우리 것이 아냐

밥상에서 밥알 하나 흘리면
숟가락으로 탁 상을 치던 아버지
아끼는 것과 버리는 것은 분명 다르다고
하물며 내 입에 들어간 게
남아돌아 흘리냐고
배곯아 사는 사람들 천지인데
한 시간 넘게 설교하던 무서운 밥상머리
공판장에 널린 나락이 수만 가마가 있어도
수매 중에 흘린 나락을 주우며
일하는 아저씨들에게
나락 한 자루씩 더 얹혀주던 아버지
그러시고도 올겨울 어찌 사냐고
인절미를 한 바가지씩 싸
애들 먹이라고 보내시는,
날마다 인절미 절구질하다 몸살 난 어머니
쉴 새가 없었다 당신의 오지랖 때문에.

가슴속의 별

내 몸 안에 소원 하나만 챙겨 그 안에서 살게 하고 싶었다 은은한 울림으로 들리는 집 안 우물 속 메아리처럼 두레박을 타고 올라오던 영혼의 파동처럼 아무도 듣지 못하던 내 소원, 엄마, 가지 마.

제4부
꿈틀거리는 것들과 함께

박제

어둠이 웃는 허공
흐르며 새겨지는
날카로운 살쾡이 눈빛이 서럽다

살아서 보지 못한 눈으로
죽어서 부릅뜬 눈
서럽도록 아름답게 말라가는 영혼

이승에서의 까칠한 혼
저승에서의 마른 숨
어둠 속으로 버려진 꿈틀대는 살

두고 온 새끼들이 빨던
보랏빛 마른 꽃이여.

이카로스의 날개

무거운 마음을 꿰어
날개를 만들 걸 그랬구나

별빛의 아름다움에 눈이 멀었나
달빛의 유혹에 흔들린 것일까
그랬더라면
그대와의 약속을 잊고
노을 진 허공 향해 날진 않았을 거야

자라나는 은하수의 긴 머리
꿈결처럼 맞이하는 천국
녹아내린 날개 다시 자라나
어느 행성의 나목으로
이름 지어 태어날 수 있을까

눈먼 것들이 길을 붙잡고 묻는다
어디까지 날아가야 살 수 있냐고.

욱하고 터트리지 마세요

그대를 존경하다 못해 사랑합니다
차라리 사랑하는 나를 존중해주세요
아니라고 치부처럼 덮지 말고
가시 장미처럼 잘라내지 마세요
어둠 속에서 가부좌를 틀며 밀려오는
저 적막을 만나보세요
친근한 제 마음으로 보이지 않는지요
마른장마에 가물대로 가문 땅이 갈라지는 곳에서
나는 그대를 갈증 나게 바라보고 있지요
무엇을 줄 것인지, 무엇을 말할 것인지
무엇을 해야 할 것인지
그러다가는 배고프고 허기진 사람이 되고 말지요
그래요 산비탈 도라지꽃이 꼭 나 같지요
꽃망울 욱하고 터트리지 마세요 그대.

비탈

곧 부러질 펜이라는 것을 알면서
글을 쓰는 일, 얼마나 막막했을까
고집과 아집으로
아침을 기다리는 일, 얼마나 힘들었을까
밤을 떠돌던 사물들,
느티나무 그림자가 흔들리고
창문은 요지부동이었다
무심한 사람처럼, 비상하다가
기어이 추락한 사람처럼
허공으로 날아가는 풍경들
끝내 나는 믿을 수 없었다
바람 불고 젖어 있는 것들 아무리 황량해도
아침을 기다리는 일, 밤보다 어두워도
꿈틀거리는 것들과 함께
새벽이 오고 나는 등불을 소등한다
그렇게 바깥의 풍경이 오고 내 몸은 풍경이 된다.

부활

하늘에 달린 깜깜한 밤
분간하기 힘든 어둠 속에서
꽃이 환히 피어난다
남루한 나를 꽃에 매달고
참아내는 울음들
까마득히 먼 허공 속에서
사위어가는 내밀한 숨결들
아무도 보지 못한
내 뜨거운 사지를 유린한다
어느 길가에 쓰러진 나
이토록 정성을 다해
나를 사랑한 적 있었던가
나는 꽃이 되기 위해
나 스스로를 오늘 죽인다
어둠 속에서 꽃은
꽃으로 살아가기 위해
저 스스로를 지금 죽이는데.

사랑

눈을 떠 보면 어제와 이별한 새벽……
사랑은 옛집 문패처럼
오래된 길목, 이별이 되어 서 있곤 했지

날이 선 칼끝 같은 빛이 되어
함부로 내려치는 것은 싫지

나를 위해 이제는 사랑을 품어야지
이별도 아니고 아픔도 아닌 사랑을
휘어져도 곧은길에서 만나는 사랑을

영혼 맑은 한 사람이면 되지
그대, 봄날에 따스하게 보이는 길.

덩그라니 물음표가 되어

스쳤던 계절이 토해낸 곳
그림자놀이 곁에 있어도
스며들지 못하는 육체와 영혼

줄기와 뿌리는 한 몸인데
착각의 공간을 웃자라게 한다

회색상처가 만난 붉은 장미
사라지지 않을 것처럼 몸부림친다

덩그러니 물음표가 되어
잠시 휴면하다 보면
살아남는 유효기간이 떠오른다.

삐끗

자박자박 걷다가
사슬처럼 뒤얽히는 말에
삐끗

숨죽여 따라가던 가슴
아프다고 말했지만 몰라주니
삐끗

사랑인지 미움인지
혼돈으로 만나던 감정도
삐끗

그랬었지 그럴 적마다
인연은 그러지 마
삐끗

눈 맞춤이 삐끗대면
사랑은 더욱 힘들겠지
삐긋.

꽃이 된 그대에게

꽃들의 춤이 시작된
그날에야 찾아오신 그대
초롱초롱한 노란 눈
하얀 꽃잎, 분홍 꽃잎
그런 꽃으로 살았네
꽃바람에 흔들거리며
그대를 반겼던 바람꽃
떠나보내려 했던 날
너와 나 많이 아팠지
이제는 아득하게
멀리 그리워만 하네
기도하듯 바라만 보네
꽃이 강이 되어
위로해 주길 바란 것이네
무수히 흐른 시간이지만
살아 있다 아직은 그대.

누워 잔다는 것

계곡의 거센 물길에도
돌무더기에 기대어 쉬는 그대여
가을 들녘 하늘을 날아
시베리아를 향해
쉬지도 않고 날아가는 그대여

바다 속 해초 옆에서
움츠리며 자는 그대여
코를 골며 가끔 꿈도 꾸며
편히 누워 자는 그대여

누워 잔다는 게
사람에게 이렇게
편하고 진실한 시간인 줄을
지금까지는 몰랐소
그날이 세상의 처음인 것처럼
그날이 세상의 마지막인 것처럼

스스로 걸어 다니다가

몸을 눕히는 것이
삶의 윤회인지 몰랐소
윤회를 따라가는 줄도 모르고
날마다 밤이면 또 누워야 하는.

낭만을 찾아

풀꽃 같은 소녀가 녹색의 청춘으로
무지개를 좇던 덫에 걸려
아픈 손길로 피어나던 줄기

그랬었네요

검붉은 달리아 꽃처럼
고개를 빳빳하게 들고
세상을 호령할 듯한 순간들

그랬던 적도 있었네요

바람과 햇볕과 빗물과 약속하며
커가는 바위 위의 이끼처럼
생존을 이어받은 순간들

힘든 세월이었지만
보람이 가득하던 가슴속에서도
중년은 힘든 자리네요

〉

지나온 긴긴 시간이
창가의 시선 따라 머무니
눈가를 적시는 세월이었군요.

우주 부동산

무인 우주선이 떠다니는 데도 우주의 별들 반짝인다

우리나라 서울 크기의 우주선, 모든 시설은 완벽하고

땅 따먹기 하러 달에도 가고 화성에도 가고 또 다른 미개발 행성에도 가려고 한다

외계의 순방은 모두 바쁜 광속의 시간을 지나 사냥꾼이 휘저은 땅 위에서 휴식을 한다

우주 부동산, 이곳의 주인은 창조주이다

어디서 어디까지가 인간의 범위인지 모르지만, 우주 부동산에는 매물도 없고 오로지 땅을 구하려는 욕망뿐이다

그러니 새로운 탐사지에 맨 먼저 국기를 꽂는 나라가 그 행성의 주인이 된다 바로 경매도 되고

오늘은 월세로 나온 원룸 크기의 행성을 찾아 나선다

우주 고아가 쉴 곳이다.

뫼별

별처럼 많은 눈물 흘리며
심장을 더 작게 만드는 사람
평생 흘릴 눈물, 흔적을 여미나

슬퍼 울어야 했던 순간들
찢듯이 나누어 던지면
마침내 내가 되고 우리가 되나

끝내 말 못하는 짐승이 되어
그렇게 가슴에 새겨지는
이름 하나로 떠도는 뫼별이 되나.

파수꾼

햇볕 알레르기로 벌겋게 달아오르는 변신의 신, 별 볼 일 없는 존재감

닿을 듯 닿지 않는 무지개를 그려준 그림의 신, 노을을 혼자 데려간 까마귀

불러보아도 늘 기도 안에 숨어 진실하지 않은 신, 겁쟁이 마을의 도깨비

바다 위의 벼랑을 만들어 버린 땅의 신, 떨어지면 받아주던 삼신할미

세상을 지키는 모든 신과 악마는 동등한가 좋고 싫고, 가깝고 멀고, 예쁘고 추하고, 아프고 건강하고, 있고 없고, 살고 죽고……

나는 신을 만들지 않을 것이다 나는 악마를 만들지 않을 것이다 나는 나를 불사조처럼 영원히 사랑할 것이다.

문을 건너 닿다

밴다

장맛비가 내린 강 하류의 유심력은 빠르고 세차다
흙탕물로 흐르는 강물의 변신은 멀리서 바라만 봐도 누구든 잠깐 아찔하다
저 물살에 내가 들어가 있다고 생각만 해도 끔찍하다
금강휴게소서 바라보는 물살, 빼곡하다 못해 넘실대며 도로 위까지 점령한다
휴게소 난간에 있던 사람들은 모두 두려워한다
물은 인간에게 더없이 필요하지만 가장 두려운 존재이기도 하다
장마가 오래 갔던 작년은 물이라는 문을 건너 재해를 안고 토하며 극복한 한 해다

잡다

너를 위해서라면 오십 년 동안 길러 온 머리라도 밀 거다 이게 뭔 소용이란 말이더냐 너의 아픈 혈흔이 굳어 마

르기만 바랐지만, 다시 펴지는 걸 눈으로 본다

에미의 애간장이 이리 타들어 가니 불쏘시개가 가슴에 사나보다 네 가슴은 얼마나 탈까 바람도 스치면 아프다던 주삿바늘 자리 조금만 건드려도 온몸을 오그리는 너를 보며 생각한다 저 문 뒤에 마법의 호리병 하나 있었으면……

그걸 마신 뒤 청량하던 이전으로 돌아가 다시 또 행복해졌으면…… 미안하다 문이 너무 멀어 가 닿지 못하는 에미의 정성, 작은 기도만 집안에 배어 있으니 어쩌면 이리 살다 가더라도 문에 끼인 에미 손 놓지 말아라

들다

시선을 두려워했던 때 그 마음을 이용하고 사용한 자들이여

이제는 그대들의 그림자가 퇴색할 차례이고, 나는 청명한 하늘이 될 거야

견주지 말기를 바라는 햇병아리 시인의 가슴은 들이닥

친 말의 뼈를 발라내느라 시인이라는 이름이 싫었다

장막에 장막을 친 기묘한 설득력은 늘 가난한 이들에게 거머리처럼 달라붙었다

힘든 자들에게 더 쉬운 다리가 놓인 것을 알아채는 천리안도 있었으니 나는 먹이였고 사냥개에 쫓기는 토끼였다

이젠 잡은 손 다 놔 주고, 깊은 산속 옹달샘이라도 바라보며 개과천선하여 가닿지 못한 문을 만나러 가라 해맑은 아이의 얼굴로 돌아오라

닿다

나는 무조건 삼류시인으로 태어났다고 말한다

이류를 동경하다가 이류시인을 만나고 일류시인과 만나고 지내보니 위로 날아갈수록 더 자유롭지 않았던가

나는 삼류를 탈퇴하고 자칭 일류 옆에 있으며 문지기도 하고 별지기도 한다

자유의 공기가 똬리를 틀며 조여온다 청량하고 행복해

하는 내 모습, 이제는 탈피를 꿈꾼다

오롯이 나만의 자리를 생각하며 흙 한 줌도, 나무 한 그루도 모두 스승으로 들이고 앉힌다

말이 세상을 뒤덮어도 사람은 천성이 덮는다 흔들리며 피는 꽃처럼 역시 나도 잘 흔들리는 꽃, 탈피 중 진리처럼 닿았던 문이 곁에 있다 그대도 꽃이며 풀꽃이다.

시인수첩

잘 있느냐고 묻고 싶다

1.

내게 나무는 생명을 불어넣어 주는 존재일 뿐 아니라 가장이라는 무거운 자리이기도 하다. 나무는 비상의 의미를 일깨우고 상승의 이미지를 제공한다.

내가 삶을 바라보는 눈은 이처럼 늘 초록과 교류한다. 꽃은 사람을 날아오르게 하는 존재이다. 하지만 꽃은 제철을 견디다가 끝내 지기 마련이다. 나는 늘 그것에 대한 아쉬움을 견디지 못한다.

내가 평생 나무가 되어 견뎌 보는 것은 그래서이다. 나이테를 한 번씩 두를 때마다 짙어지는 무릎의 통증과 머리의 하얀 새치, 그리고 치통……. 이 셋은 내게 고통의 삼종 세트이다.

나무도 언젠가는 주저앉을 것이다. 하지만 말라서 고사할 때도 예쁜 것이 나무이다.

나무를 생각하면 가슴이 울컥거린다.

나무의 푸른 피를 수혈 받으며 살고 싶다. 내리는 비와 뺨을 부비며 살고 싶다. 가지에 부는 초록 바람을 먹고 싶다.

내게 나무는 애인이다.

살아 있을 때까지 초록의 피를 돌게 해 나를 웃게 하니까.

2.

사춘기 때부터 내게는 깊이 박힌 나무의 뿌리를 파헤쳐야 하는 시간이 있었다. 그 시간은 글을 쓰며 나를 살게 하는 틈새로 내게 다가왔다.

틈새로 바람이 불어왔다. 바람 사이로 보이는 것은 맑은 아이의 손짓!

신이 준 병을 죽기 직전까지 앓고 난 후 사람은 작은 먼지였다. 저기 서 있는 한 그루 나무가 나보다 더 행복해 보였다.

3.

우리가 가진 나날의 무게는 모두 다르다. 무게의 근본은 삶이니까.

무거운 삶만큼 책임을 져야 할 일들도 많다. 더러는 이 사회의 압력을 견디는 능력을 상실하고도 위로위로 더 높이 날아오르기도 한다.

글의 힘도 마찬가지다. 글을 사랑하는 마음만큼, 글을 배우고 싶은 마음만큼 종이가 된 내게 당신의 예쁜 마음이 새겨지면 얼마나 좋을까.

반어적이지만 언어의 무게에는 늘 경계가 있다. 명언 한 줄이 자신을 지켜주기도 하고, 목숨을 구해주기도 하니 말이다.

4.

내 삶은 언어를 찾아가는 순례자의 길이기도 하다. 고통 받는 인류가 서로 소통하는 길목에 언어가 있다. 언어는 말이고 글이다.

사람들에게 따뜻한 말을 건네고 싶지만 그것이 잘 안될 때가 많다. 그들에게 행복한 말을 하고 싶지만 그것도 잘 안될 때가 많다.

마음은 그렇지 않은데도 그것의 전달 과정이 이상하게 오해를 낳기도 한다.

5.

사막을 걸어가는 낙타를 바라본다.

말하지는 않아도 낙타는 지금 마지막 생존을 걸고 가고

있는지도 모른다.

해와 달과 바람을 만나도, 그리고 사막의 오아시스를 만나도 행복한 길이어야 한다.

그대들은 모두 행복한가?

거듭 되묻고 싶다.

6.

살다 보면 각자의 온도에 적응하지 못해 서로 데이고 살기도 한다.

물집이 올라오면 터질 때까지 답답하기도 하고, 터트리고 싶기도 하다. 터트리면 흉이 질까 걱정이 되기도 한다. 걱정을 할 때마다 거즈 밑에 바른 화상연고가 말을 잘 들어 예쁘게 치료되기를 빈다.

7.

세상을 원망하며 청춘을 보냈다. 재산도 종손이 가지는 것이 맞다고 해 여자 형제들은 다 포기했다. 하여, 친정에서는 아무것도 가지고 나오지 않았다. 내 손으로 내 일생을 꾸려갈 수밖에 없었다.

사람 사이를 더 벌려 놓는 것은 사람 사이의 물질이다. 물질은 돈! 돈은 적당히 가졌을 때 행복하다.

사람들은 이것을 잘 모른다. 돈! 많기만 하면 다 좋을까. 정말 그럴까. 돈이 부족한 사람들은 가난을 죄라고 여기며 평생을 살기도 한다.

돈은 방편일 뿐이다. 돈은 목표가 아니다.

8.

요즘 젊은이들에게는 노력해도 안 되는 것이 많다. 하여, 요즘 젊은이들은 방향을 잃곤 한다.

간이역에 앉아 있는 젊은이의 등은 안쓰럽다. 젊은이, 취준생을 생각하면 애가 탄다.

취준생을 둔 엄마의 마음은 다 똑같으리라.

젊은이들아! 그래도 날아보자. 젊다는 것이 무엇이냐. 지금은 간이역에서 기다리고 있지만 언젠가는 별자리 따라 텅 빈 허공을 가득 채워 나갈 수도 있으리라.

9.

세상에서 제일 무서운 것은 사람의 마음이다.

보이지 않으니 그릴 수도 없고, 어디에 남길 수도 없는 마음! 마음 중에는 받아들일 수 없는 것도 있다.

이기심에 물든 사람의 마음! 그런 사람의 마음은 알고 싶지 않다.

그래도 열심히 잘 살아가자. 모든 사람들이 두루두루 행복하게 잘 살았으면 좋겠다.

10.

논산의 '어린왕자 문학관'에서 상주작가로 근무하고 있다.

마음이 천천히 편해졌다.

11.

자연과 더불어 사는 문학을 추천하고 싶다. 살살이꽃이 흔들거리는 늦가을, 여름 꽃들이 피기도 한다.

철없는 꽃이라니! 길가 밤나무에서는 밤이 툭툭 떨어지고, 길가의 작은 수로에는 맑은 계곡물이 사철 흐른다. 산 밑 그늘 속에 모여 사는 이끼의 냄새가 참 좋다.

이처럼 신선한 냄새와 함께 살고 싶다.

세상은 나를 눈먼 나무라 한다

1.

잠을 못 자고 밤새 아픈 딸아이를 간호하고 있는데 휙휙 내 옆을 스쳐 지나가는 그림자가 보였다. 그럴 때마다 눈을 끔벅이며 눈을 비비며 다시 살펴보려고 했다. 하지만 이미 그림자는 사라지고 텅 빈 허공뿐이었다.

등 뒤에서 서늘하게 바람이 불어왔다. 한기 때문에 다시 잠들 수 없었다.

그럴 때마다 나를 안정시킨 것은 음악이었다.

'멜론'에서 내려 받아 저장한 뒤 전화기에 이어폰을 꽂고 듣는 노래를 좋아했다.

가지각색으로 뒤섞어 저장해둔 음악이라 장르가 각기 달랐다. 그래서일까. 금방 웃다가 금방 눈물을 흘리며 빈 보호자 휴게실에 앉아 밤을 새우곤 했다.

내 앞의 어떤 존재가 이런 내 모습을 다 보고 있다는 느끼도 들었다.

2.

아침이 오는 길목이었는데, 첫 주치의의 회진이 시작되었다. 주치의는 딸아이가 푹 잤는지, 밤새 통증은 없었는지 친절하게도 물어보았다.

해맑고 뽀얀 얼굴로 누워 있던 23살의 어여쁜 내 딸! 일 년이 지난 후에야 주치의는 통원 치료를 하라고 말했다. 주치의 말에 나는 많은 눈물을 흘렸다.

나는 그렇게 기적을 만들었다. 딸아이가 잘 견뎌주었기에 기적이 찾아온 것이다. 그런 이후 더는 그림자가 보이지 않았다.

3.

역전 지하다방에 들어서니 눈앞에 난생처음 보는 광경이 펼쳐졌다. 시끄러운 음악소리……. 나는 밑단 줄인 교복 치마를 꽉 잡으면서도 겨울 코트를 여몄다. 〈하얀 담배 연기〉라는 노래를 가수의 목소리로 직접 들었다.

하지만 실제로는 사춘기 여고생일 뿐이었다. 손안의 쪽지 한 장만 들고 찾아간 곳이 역전 지하다방이었다.

시간과 장소만 적혀 있고, 그러고는 그의 긴 머릿그림 낙서…….

그때만 해도 교생선생한테 호감을 느끼는 얘기가 간간

이 들리곤 했다. 한편으론 학교 선생님과 교생 선생님이 사귄다는 얘기도 들렸다. 하지만 나는 달랐다. 나는 총각 수학선생과 눈이 맞아버렸다.

그와 학교 밖에서 처음 만난 것은 눈이 펑펑 오는 날이었다. 만난 곳은 역전 지하다방이었다.

오래지 않아 아버지도 아셨다. 어린 딸을 노총각 선생에게 못 준다고 못을 박았다. 못은 자식의 가슴에도, 노총각의 가슴에도 박혔다.

그리고 다음 해 바로 그날, 눈이 펑펑 쏟아지는 날 바로 그 역전 지하다방에서 이별했다.

그와의 인연은 이내 다른 인연으로 다가왔다. 그는 동생의 선생님도 되었고, 조카의 선생님도 되었다. 이런 인연이 어떻게 가능할까.

그가 동생에게 물었다고 한다. 언니, 잘 살고 있느냐고……. 그날 이후 진짜 많이 방황했다. 마음도 비뚤어졌다. 첫사랑은 이루어질 수 없다는 친구들의 위로에 질려 고성방가를 하며 집을 나와 전주 시내를 휘젓고 다니곤 했다.

지금은 이런 고백을 하는 나 자신이 부끄럽지만 그때는 나름대로 절실했다. 소중한 그의 빈 자리……, 애달픈 사랑을 풀길이 없었다.

아픈 청춘은 그렇게 나를 휘젓고 지나갔다.

4.

오빠, 가지 마! 나를 두고 죽지 마! 제발, 응, 제발요.

그는 나를 꽃이라 불렀다. 바라만 봐도 닳을까 봐 나를 당신의 안에 가두어 두고 내게 필요한 모든 것을 준비해 주고, 채워주고, 정성을 다했다.

긴 생머리가 허리까지 오던 때였다. 그와 함께 나는 긴 생머리를 날리며 내장산 산꼭대기에서 바람을 맞곤 했다. 한 마리의 솔개처럼 투명한 눈으로 산 아래의 세상을 자주 내려다보곤 했다.

그는 이런 내가 이뻐 죽겠다고 했다. 사랑스러워 죽겠다고 했다.

나를 놓지 않기 위해 그는 많은 시간을 투자했고, 나의 노력으로 그도 성공했다.

하지만 신의 질투는 순식간에 다가오는 법……, 그것은 우리를 가만히 두지 않았다.

무언가 가질 만하게 되면 하나는 뺏어가는 것이 하늘의 이치인 것인가.

췌장암에 걸린 그……. 또다시 그림자가 어른거리기 시작했다.

1기 조금 지났고, 그래도 위치가 좋다는 진단에 그는 수술을 했다.

건장하던 몸은 일 년 사이에 평소의 반으로 줄었다. 그의 가족은 필사적으로 그를 살리려고 노력했다.

수술 후 일 년은 무사히 지나갔다. 예후가 좋았는데, 이상하게도 전이가 되었다.

전이를 확인한 날부터 불안했다. 무슨 느낌 같은 것이 후딱후딱 다가왔다.

그래, 내가 사랑하는 사람은 그때의 그 그림자가 다 데려가는 것 같아.

아, 깊은 수렁에 빠진 나. 지금 손을 놓으면 다시는 못 잡을 것 같은 불길한 예감이 여지없이 맞았다.

뇌졸중 투병 28년을 견디던 어머니! 5월 8일 어버이날에 나는 엄마를 잃었다.

엄마가 돌아가시고 정확히 석 달 뒤 그도 따라 이승을 져버렸다. 그런 이후 나는 살아 있어도 살아 있다고 할 수가 없었다.

다시 완전한 외톨이가 된 몸으로 나는 살아보겠다고 바지락거렸다. 아무런 생각 없이 하루하루를 살아야 했다. 남자? 개나 물어가라, 귀신이 잡아가기 전에.

변해버린 내 이성관은 그렇게 삼십 년을 버티게 했다.

그를 잃은 후 숨도 못 쉬며 공황장애로 십 년 넘게 고생을 했다. 반려견을 키우며 겨우 나 자신을 다독거릴 수 있었다.

슬픔을 다스리는 것이 나 하나만으로는 어렵다는 것을 뼈저리게 배운 뒤였다.

5.

세월이 많이 흘렀다.

이제는 아이들을 잘 키우는 것이 내 목표가 되었다. 해장국 돌그릇도 들어보고, 그릇도 닦아보고, 남을 위해 김치도 담아보고……, 닥치는 대로 일했다.

만석꾼이었던 친가의 관계를 모두 끊고 숨어 살았다. 간섭 아닌 간섭으로 늘 나를 옥죄이는 것이 친가였다. 남녀 형제들이 평등하지도 않았고 불교와 유교와 세습의 끈이 강해 늘 딸자식을 종 부리듯 했다. 그러니 다른 길이 없었다.

모든 재산도 남자들의 것이었다. 아버지! 당신이 조금만 더 자식들 모두에게 편견 없는 사랑을 주셨으면 어땠을까.

아버지의 자식 사랑은 그래도 강했다. 따라서 아버지의 이름으로 이루어지는 일을 나는 거역하지는 못했다. 아버지의 일은 나만의 일이 아니라 종가의 일이었고, 사회의 일이었다.

6.

그런 이후 나는 세 손가락을 안고 살았다. 아이들 셋! 고이고이 키울 수는 없었다. 돈이 지배하는 사회에 내몰리다 보니 나를 잊고 사는 일이 충분했다.

한 아이씩 키워낸 뒤 다시 또 위를 바라보며 웃어야 했다. 참으로 기가 막혔다. 그래도 지금 저리 잘 커 내 곁에 있는 아이들을 생각하면 잘 참고 산 내가 대견했다.

몸은 바스락바스락 신호를 주었지만 견딜 수 있다고 마법을 거는 힘을 나는 알고 있었다. 그러기에 그림자가 다가오는 날도 가끔은 있었지만 나는 단호하게 가라고 소리쳤다.

"누가 우리 새끼들을 거두냐? 아직 안 된다. 기다려라!"

이렇게 소리를 치면 그림자는 사라졌다.

나는 엄마다. 우리 엄마가 그랬던 것처럼 지독하게 겁도 없는 엄마다. 소중한 사람들을 보내고 난 후에야 나는 철이 들었다.

7.

사춘기 때의 친구, 여고 때의 친구랑 지금도 같은 지역에 살고 있다. 그때의 이야기를 안주 삼아 이야기하곤 한다. 추억을 곱씹는 거다.

그때로 돌아가고 싶은 적도 있다. 하지만 첫사랑은 떠나갔다.

당신! 그곳은 편하신가요?

나를 두고 먼저 갈 때 발걸음이 떨어지던가요?

마법처럼 다가온 당신! 당신께 맡겼던 내 모든 시간을 지금은 다행이라 생각한다. 그래서 더욱 소중하다. 그때 나를 사랑해주어 고맙다.

8.

아이는 지금 항암치료 후유증으로 시달리면서도 세상과 손을 잡으며 힘들어도 웃으며 잘 지내고 있다.

자신을 보호하기 위해 안간힘을 쓰다 보니 종잇장처럼 하얀 얼굴에 다 타 버린 폐 하나의 아이! 그래도 하나는 남아 있어 그나마 감사하며 살고 있다. 15일을 산다고 했는데, 벌써 14년째 많은 고비를 넘기며 꿋꿋하다.

세상의 엄마들은 자식의 얼굴을 바라볼 때 가장 기쁘고 흐뭇하고 사랑스럽다고 한다. 자식의 얼굴이 고통에 시달리면 엄마의 얼굴도 고통에 시달릴 수밖에 없다.

나도 너도 그동안 참 많이 아팠다.

고생한 내 새끼! 고맙다. 살아주어 참 행복하다. 사랑해 내 새끼!

9.

우리는 세상을 유일무이하게 바라볼 때가 있다. 오직 하나뿐으로!

참 소중한 사람, 하나뿐인 사람이 곁에 있다는 것을 망각하고 지낼 때가 많다.

생각의 비늘을 벗기고 또 벗기며 주어진 시간 내내 최선을 다해 살아야 한다.

사람이 가진 가장 큰 무기는 생명력이다. 끝까지 살아

내면서 삶의 비밀을 터득해내는 것만큼 위대한 것은 없다.

남의 빈자리를 탐하지 말고 내 빈자리를 스스로 메꾸며 살아가는 것이 진실이다.

사랑도 그럴 때 나를 다시 구원해주리라.